De 25 Profeten van de Islam

Namen in vetgedrukte letters zijn de aartsprofeten.

Adam

Allah schiep de allereerste mens, Adam, uit klinkende klei gevormd uit donkere modder. Adam was geen gewone schepping; Allah gaf hem een bijzondere eer en maakte hem tot de eerste profeet. Allah leerde Adam de namen van alles om hem heen: bomen, dieren, sterren en nog veel meer. Dit geschenk van kennis maakte Adam uniek en liet zien dat mensen het bijzondere vermogen hebben om te leren en te begrijpen. Om de schepping van Adam te eren, beval Allah de engelen om voor hem neer te buigen als teken van respect. Iedereen gehoorzaamde, behalve Iblis, die uit jaloezie en trots weigerde.

Adam leefde in een prachtige tuin met zijn vrouw Hawwa. Daar waren zij gelukkig, maar Allah gaf hun één belangrijke regel: zij mochten niet eten van een bepaalde boom. Iblis, nog steeds boos en jaloers, misleidde hen zodat zij die regel overtraden. Toen Adam en Hawwa hun fout inzagen, kregen zij veel spijt en vroegen Allah om vergeving. Allah, Die altijd barmhartig en genadevol is, vergaf hen. Maar als onderdeel van hun nieuwe levensreis stuurde Allah hen naar de aarde, waar zij het begin zouden vormen van de mensheid.

Het verhaal van Adam leert ons belangrijke lessen. Het herinnert ons eraan dat iedereen fouten maakt, maar dat het belangrijkste is om spijt te hebben en te proberen het beter te doen. Het laat ons ook zien hoe bijzonder mensen zijn, met het vermogen om te leren, lief te hebben en voor de wereld te zorgen. Adam was het begin van onze grote menselijke familie en een herinnering dat de barmhartigheid van Allah altijd bij ons is.

I

Idris

Na Adam koos Allah een andere bijzondere profeet, Idris, om de mensen te leiden. Idris was een wijze en vriendelijke man, bekend om zijn grote liefde voor kennis. Allah zegende Idris met veel kennis en vaardigheden, en hij leerde de mensen hoe zij moesten schrijven, meten en zelfs kleding naaien. Vóór Idris wisten mensen niet hoe ze stof aan elkaar moesten stikken, maar hij liet hun zien hoe ze een naald en draad konden gebruiken. Hij moedigde iedereen ook aan om eerlijk te zijn, hard te werken en Allah te gedenken in alles wat zij deden.

Idris hield ervan om tijd door te brengen in aanbidding en gebed. Hij stond zo dicht bij Allah dat hij vaak naar de toppen van bergen klom of onder de sterren zat, terwijl hij met een hart vol toewijding tot Allah sprak. De mensen bewonderden zijn wijsheid en volgden zijn lessen. Zo leerden zij vreedzaam te leven en elkaar te helpen. Idris herinnerde hen eraan dat goede daden verrichten en trouw blijven aan het pad van Allah geluk brengen in dit leven en in het hiernamaals.

Vanwege zijn zuivere hart en standvastige geloof eerde Allah Idris op een heel bijzondere manier. De Koran vertelt ons dat Allah Idris tot een hoge plaats verhief, als teken van hoeveel hij geliefd was. Zijn verhaal leert ons dat het zoeken naar kennis, hard werken en dicht bij Allah blijven manieren zijn om een leven vol betekenis en zegeningen te leiden.

Nuh

Lang na Idris leefde er een profeet die Nuh heette. Allah koos Nuh om zijn volk te leiden, omdat zij waren vergeten om Allah te aanbidden en veel slechte dingen deden. Nuh hield veel van zijn volk en wilde hen helpen. Hij vertelde hun over Allah, leerde hen vriendelijk voor elkaar te zijn en vroeg hen te stoppen met het aanbidden van afgoden. Hij sprak rustig en geduldig, in de hoop dat zij zouden veranderen.

Maar veel mensen wilden niet luisteren. Ze lachten Nuh uit en negeerden zijn boodschap. Jaar na jaar bleef Nuh het proberen. Hij gaf niet op, omdat hij om zijn volk gaf. Toen zei Allah tegen Nuh dat het tijd was om zich voor te bereiden op een grote overstroming die het kwaad zou wegspoelen. Allah vroeg Nuh om een grote boot te bouwen. Nuh begon te bouwen en vertrouwde volledig op Allah, ook al lachten de mensen hem uit.

Toen de regen begon te vallen en het water steeds hoger kwam, bracht Nuh zijn familie, de gelovigen en van elk dier twee in de boot. De hele aarde werd bedekt met water, maar iedereen in de boot bleef veilig, omdat zij naar Allah hadden geluisterd. Toen het water zakte, stapten Nuh en de anderen weer op droge grond. Ze dankten Allah dat Hij hen had gered.

Het verhaal van Nuh leert ons om geduldig te zijn, op Allah te vertrouwen en altijd te blijven doen wat juist is, zelfs als dat moeilijk is.

Hud

Lang geleden was er een sterk en rijk volk dat het volk van 'Ad werd genoemd. Zij leefden in een land met hoge gebouwen en sterke vestingen, omringd door mooie tuinen en velden. Maar in plaats van Allah te danken voor hun zegeningen, werden de mensen van 'Ad trots. Ze begonnen afgoden te aanbidden en waren niet vriendelijk.

Allah stuurde in Zijn barmhartigheid de profeet Hud om hen terug te brengen naar het juiste pad.

Hud was een wijze en moedige man die veel van zijn volk hield. Hij zei: "Mijn volk, aanbid alleen Allah. Hij heeft jullie al deze zegeningen gegeven. Stop met het aanbidden van afgoden en wees dankbaar." Maar de meeste mensen luisterden niet. Ze lachten Hud uit en zeiden: "Wie ben jij dat je ons zegt wat we moeten doen? Wij zijn sterk en hebben niemand nodig."

Toch bleef Hud geduldig. Hij waarschuwde hen dat er een straf zou komen als ze niet veranderden.

Maar het volk wilde niet luisteren. Toen stuurde Allah een sterke windstorm die dagen en nachten bleef waaien en alles verwoestte. Alleen Hud en de gelovigen werden gered.

Het verhaal van Hud leert ons dat echte kracht komt van nederig zijn tegenover Allah en van dankbaar en vriendelijk zijn, hoe rijk of sterk we ook zijn.

Salih

Na het volk van 'Ad kwam er een ander volk, het volk van Thamoed. Zij waren knappe bouwers en maakten prachtige huizen in de bergen. Allah had hen rijk en sterk gemaakt. Maar in plaats van dankbaar te zijn, aanbaden zij afgoden en werden zij trots en onrechtvaardig.

Allah stuurde de profeet Salih om hen te leiden. Salih was een vriendelijke en zachte man die veel van zijn volk hield.

Salih zei: "Mijn volk, aanbid alleen Allah. Hij heeft jullie alles gegeven wat jullie hebben. Wees dankbaar en stop met slechte dingen doen." Sommige mensen geloofden hem. Maar de meeste mensen lachten en zeiden: "Salih, bewijs dat jouw boodschap waar is."

Ze vroegen om een wonder. Toen liet Allah uit de rotsachtige bergen een grote kameel verschijnen.

Salih zei: "Deze kameel is een teken van Allah. Laat haar rustig drinken uit de bron en doe haar geen kwaad." Maar sommige mensen waren koppig en gemeen. Ze deden de kameel pijn en luisterden niet naar Salih.

Toen kwam de straf van Allah. Een zware aardbeving schudde het land. Alleen Salih en de gelovigen werden gered.

Het verhaal van Salih leert ons om Allah's zegeningen te respecteren, vriendelijk te zijn en altijd de waarheid te volgen, ook als anderen dat niet doen.

Ibrahim

Lang geleden leefde er een man die Ibrahim heette. Hij was wijs en had een sterk geloof in Allah. Ibrahim groeide op in een land waar mensen afgoden aanbaden. Dat waren beelden van steen en hout. Zelfs als jonge jongen wist Ibrahim dat deze beelden niet konden horen, zien of helpen. Hij vroeg zich vaak af: "Hoe kunnen deze levenloze dingen onze goden zijn?"

Ibrahim wilde dat zijn volk de waarheid begreep. Daarom stelde hij vragen en probeerde hij hen rustig te leren dat zij alleen Allah moesten aanbidden.

Op een dag maakte Ibrahim een dapper plan. Toen iedereen weg was, ging hij naar de tempel en brak alle afgoden kapot, behalve de grootste. Toen de mensen terugkwamen, schrokken ze. "Wie heeft dit gedaan?" vroegen ze. Ibrahim zei dat ze het maar aan de grootste afgod moesten vragen. Hij wist dat die niet kon antwoorden.

De mensen begrepen dat hun afgoden geen macht hadden. Maar in plaats van te veranderen, werden ze boos en wilden ze Ibrahim kwaad doen. Allah beschermde hem en liet zien dat Ibrahim's geloof sterker was dan hun woede.

Ibrahim werd vaak getest, maar hij gehoorzaamde altijd Allah. Toen Allah hem vroeg zijn land te verlaten of iets dierbaars op te offeren, aarzelde hij niet. Allah beloonde hem met twee zonen, Ismail en Ishaq, die ook profeten werden.

Het verhaal van Ibrahim leert ons om moed te hebben, op Allah te vertrouwen en in Hem te blijven geloven, zelfs als het moeilijk is.

Lut

In de tijd van profeet Ibrahim leefde er een man die Lut
heette. Allah koos hem om de mensen te leiden. Lut werd
gestuurd naar een stad waar de mensen slechte dingen deden.
Ze waren oneerlijk, behandelden elkaar gemeen en keerden
zich af van Allah. Lut gaf veel om hen en wilde dat ze beter
en vriendelijker zouden leven.

Lut sprak met geduld en liefde. Hij zei: "Mijn volk, keer
terug naar Allah en stop met het doen van slechte dingen.
Wees eerlijk en vriendelijk voor elkaar. Vergeet niet dat Allah
alles ziet." Maar de meeste mensen wilden niet luisteren. Ze
lachten Lut uit en negeerden zijn waarschuwingen. Toch gaf
Lut niet op. Hij bleef hen uitnodigen om het goede te doen.

Uiteindelijk stuurde Allah engelen naar Lut met een
boodschap. De stad zou gestraft worden vanwege haar slechte
daden. Lut en de paar gelovigen moesten 's nachts vertrekken
en mochten niet achterom kijken.

Toen de straf kwam, was die snel en rechtvaardig. De stad
werd vernietigd. Lut en de gelovigen bleven veilig omdat zij
op Allah vertrouwden en Zijn leiding volgden.

Het verhaal van Lut leert ons om vast te houden aan wat juist
is, slechte dingen te vermijden en te vertrouwen dat Allah
degenen beloont die Hem trouw blijven.

Ismail

Ismail was de geliefde zoon van profeet Ibrahim. Hij was zelf ook een grote profeet. Zijn verhaal begint met iets bijzonders. Allah vroeg Ibrahim om zijn vrouw Hajar en hun baby Ismail naar een lege woestijnvallei te brengen. Daar was geen eten en geen water. Toch vertrouwde Ibrahim op het plan van Allah. Nadat hij hen daar had achtergelaten, bad hij: "O Allah, zorg voor mijn familie en maak dit land gezegend."

Hajar was een sterke en gelovige vrouw. Zij zorgde voor de kleine Ismail. Toen hun water op was, rende zij heen en weer tussen twee heuvels, Safa en Marwah, om hulp te zoeken. Plotseling stuurde Allah de engel Jibril. Er begon water uit de grond te stromen bij de voeten van Ismail. Deze bron heet Zamzam. Het werd een bron van leven in de woestijn en is tot vandaag een zegen voor veel mensen. De vallei groeide later uit tot de heilige stad Makkah, waar Ismail en zijn familie woonden.

Toen Ismail ouder werd, werden hij en zijn vader getest door Allah. Ibrahim droomde dat hij Ismail moest offeren. Toen hij dit aan Ismail vertelde, zei Ismail vol geloof: "Vader, doe wat Allah heeft bevolen. Je zult mij geduldig vinden." Net voordat Ibrahim het offer wilde uitvoeren, stopte Allah hem en gaf in plaats van Ismail een ram. Zo liet Allah zien dat het een test van hun geloof was.

Het verhaal van Ismail leert ons gehoorzaam te zijn, op Allah te vertrouwen en sterk te blijven in ons geloof, zelfs wanneer iets moeilijk lijkt.

Ishaq

Ishaq was de zoon van profeet Ibrahim. Hij was een grote zegen voor Ibrahim en zijn vrouw Sarah, vooral omdat zij al oud waren. Vele jaren hadden zij gebeden om een kind. Allah verhoorde hun gebed en beloofde hun een zoon. Ishaq was niet alleen een geschenk van liefde, maar werd ook door Allah gekozen om een profeet te worden, net als zijn vader.

Ishaq groeide op in een gezin dat veel van Allah hield. Zijn vader leerde hem dat hij alleen Allah moest aanbidden en vriendelijk en dankbaar moest zijn. Toen Ishaq ouder werd, werd hij een wijze en zachte man. Hij leidde de mensen en herinnerde hen eraan om Allah te aanbidden, eerlijk te zijn en goed voor elkaar te zorgen.

Allah zegende Ishaq met veel nakomelingen, waaronder andere profeten. Zo werd hij deel van een bijzondere familie die Allah's boodschap verspreidde.

Het verhaal van Ishaq leert ons dat geduld en vertrouwen in Allah mooie beloningen brengen. Het laat ook zien dat een familie met geloof een licht kan zijn voor anderen.

17

Ya'qub

Ya'qub, ook bekend als Jakob, was de zoon van profeet Ishaq en de kleinzoon van profeet Ibrahim. Hij was een man met veel geloof en wijsheid. Allah koos hem om Zijn boodschap verder te verspreiden.

Ya'qub had twaalf zonen. Zijn familie stond bekend om hun sterke band met Allah. Daarom werd Ya'qub ook "Israël" genoemd. Zijn nakomelingen werden de Kinderen van Israël genoemd.

Ya'qub was een liefdevolle vader. Hij leerde zijn kinderen om Allah te aanbidden en eerlijk en vriendelijk te zijn. Eén van zijn zonen was Yusuf. Ya'qub hield heel veel van hem. Sommige broers werden jaloers. Ze deden iets heel verdrietigs: ze namen Yusuf mee en deden alsof hij voorgoed verdwenen was.

Ya'qub had veel verdriet, maar hij verloor zijn hoop in Allah niet. Hij bleef bidden en vertrouwen dat Allah hem ooit weer met Yusuf zou verenigen.

Allah beloonde Ya'qub voor zijn geduld en sterke geloof. Na vele jaren zag hij Yusuf weer terug. Yusuf was toen een belangrijke leider geworden.

Het verhaal van Ya'qub leert ons om geduldig te zijn, op Allah te vertrouwen in moeilijke tijden en het belang van familie en vergeving te begrijpen. Het herinnert ons eraan dat Allah's plannen altijd vol wijsheid zijn, ook als wij ze nog niet begrijpen.

19

Yusuf

Yusuf was de zoon van Ya'qub. Hij was een mooie jongen met een zuiver hart. Op een nacht droomde hij dat de zon, de maan en elf sterren voor hem bogen. Toen hij deze droom aan zijn vader vertelde, begreep profeet Ya'qub dat het een bijzonder teken van Allah was. Hij zei tegen Yusuf dat hij de droom geheim moest houden.

Maar de broers van Yusuf werden jaloers. Ze waren jaloers op de liefde die hun vader voor hem had. Hun jaloezie bracht hen ertoe iets heel slechts te doen. Ze gooiden Yusuf in een diepe put en lieten hem daar alleen achter.

Reizigers die langs de put kwamen, vonden Yusuf en namen hem mee naar Egypte. Daar werd hij als dienaar verkocht. Ondanks alles bleef Yusuf op Allah vertrouwen. Door zijn eerlijkheid, vriendelijkheid en wijsheid kreeg hij respect van anderen. Zelfs toen hij onschuldig in de gevangenis kwam, bleef hij sterk in zijn geloof.

In de gevangenis gaf Allah Yusuf de gave om dromen uit te leggen. Later legde hij de droom van de koning uit, die ging over een grote hongersnood. Daardoor werd Yusuf vrijgelaten.

Uiteindelijk werd Yusuf een belangrijke leider in Egypte. Hij hielp het land zich voor te bereiden op de hongersnood. Tijdens die moeilijke tijd kwamen zijn broers naar Egypte om eten te zoeken. Ze herkenden Yusuf niet. Maar Yusuf vergaf hen en vertelde wie hij was. Zo werd hij weer herenigd met zijn familie in een moment van grote vreugde.

Het verhaal van Yusuf leert ons geduldig te zijn, te vergeven en altijd op Allah te vertrouwen. Zijn leven laat zien dat geloof en vriendelijkheid tot mooie beloningen leiden.

21

Ayub

Ayub, ook bekend als Job, was een profeet die door Allah gezegend was met rijkdom, een liefdevolle familie en een goede gezondheid. Hij stond bekend om zijn vriendelijkheid en vrijgevigheid. Ayub dankte Allah altijd voor alles wat hij had, groot of klein.

Maar zijn geloof werd zwaar getest.

Op een dag verloor Ayub alles: zijn rijkdom, zijn kinderen en zelfs zijn gezondheid. Hij werd erg ziek en zijn lichaam werd zwak. Toch klaagde Ayub niet. Hij bleef geduldig en bleef Allah prijzen. Hij zei: "Allah heeft mij zoveel gegeven. Als Hij het wegneemt, blijf ik toch dankbaar."

Zelfs toen mensen hem verlieten, bleef zijn hart vol vertrouwen in Allah.

Na vele jaren van geduld beloonde Allah Ayub. Hij genas hem, gaf hem weer gezondheid, nog meer rijkdom en opnieuw een mooie familie.

Het verhaal van Ayub leert ons dat, hoe moeilijk het leven ook wordt, geduld en vertrouwen in Allah ons naar betere tijden leiden. Het herinnert ons eraan dat echte kracht ligt in dankbaar en trouw blijven, zelfs in moeilijke momenten.

Shu'aib

Shu'aib was een wijze en vriendelijke profeet. Allah stuurde hem naar het volk van Madyan. De mensen daar woonden in een mooi land, maar ze waren niet dankbaar. Ze bedrogen anderen bij het handelen. Ze gaven te weinig en waren niet eerlijk. Ze behandelden elkaar niet goed.

Uit barmhartigheid stuurde Allah Shu'aib om hen te helpen.

Shu'aib sprak vriendelijk tegen zijn volk. Hij zei: "Mijn volk, aanbid alleen Allah. Wees eerlijk en rechtvaardig. Bedrieg niemand. Vergeet niet dat Allah alles ziet wat jullie doen."

Een paar mensen luisterden en geloofden hem. Maar de meeste mensen lachten hem uit. Ze wilden niet veranderen. Ze zeiden: "Waarom zouden wij naar jou luisteren? Wij doen wat wij willen." Shu'aib waarschuwde hen dat slecht gedrag straf zou brengen, maar ze luisterden niet.

Toen kwam de straf van Allah. Een zware aardbeving vernietigde hun stad. Alleen Shu'aib en de gelovigen werden gered.

Het verhaal van Shu'aib leert ons eerlijk en rechtvaardig te zijn. Het herinnert ons eraan dat liegen en bedriegen nooit goed eindigt. Een leven vol eerlijkheid en dankbaarheid brengt zegeningen en vrede.

Musa

Lang geleden, in het land Egypte, werd een baby geboren met de naam Musa. In die tijd was er een wrede koning, de Farao. Hij was bang dat de kinderen van de Israëlieten later tegen hem zouden opstaan. Daarom gaf hij een streng bevel tegen de babyjongens.

Maar Allah had een bijzonder plan voor Musa.

Zijn moeder vertrouwde op Allah. Ze legde haar baby in een mandje en liet het op de rivier drijven. Het mandje werd gevonden door de vrouw van de Farao. Zij hield van de baby en besloot hem groot te brengen in het paleis.

Musa groeide op in het paleis, maar hij voelde zich altijd verbonden met zijn eigen volk. Op een dag gebeurde er iets waardoor Musa Egypte moest verlaten. Hij ging naar een ver land. Daar werkte hij als herder en stichtte hij een gezin.

In die tijd riep Allah hem om profeet te worden. Bij de berg Sinaï sprak Allah tot Musa. Hij gaf hem een belangrijke taak: teruggaan naar Egypte en zijn volk bevrijden van de Farao.

Met hulp van Allah deed Musa grote wonderen. Zijn staf veranderde in een slang en de zee spleet in tweeën zodat zijn volk veilig kon oversteken. Toch wilde de Farao niet geloven.

Uiteindelijk leidde Musa zijn volk naar vrijheid. Allah gaf hem ook de Tawrat als leiding voor zijn volk.

Het verhaal van Musa leert ons moedig te zijn, op Allah te vertrouwen en op te komen voor wat juist is. Het herinnert ons eraan dat Allah altijd bij de gelovigen is.

27

Harun

Harun, ook bekend als Aäron, was de broer van profeet Musa. Allah koos hem als profeet om Musa te helpen bij het leiden van de Israëlieten.

Toen Allah Musa opdroeg om naar de Farao te gaan, voelde Musa zich nerveus. De Farao was een machtige en wrede koning. Musa vroeg Allah om hulp. Allah gaf hem Harun als helper. Harun kon rustig en duidelijk spreken. Daarom was hij een grote steun voor Musa.

Samen gingen Musa en Harun naar de Farao. Ze brachten de boodschap van Allah. Ze zeiden dat hij moest stoppen met het onderdrukken van het volk en in Allah moest geloven. Harun sprak vriendelijk en geduldig. Maar de Farao wilde niet luisteren.

Zelfs toen Allah wonderen liet zien, zoals de staf die in een slang veranderde en de plagen in Egypte, bleef de Farao koppig. Harun bleef Musa trouw helpen en stond altijd aan zijn zijde.

Ook nadat Musa het volk uit Egypte had geleid, bleef Harun hen begeleiden. Hij herinnerde hen eraan om trouw te blijven aan Allah en Zijn geboden te volgen.

Het verhaal van Harun leert ons samen te werken en elkaar te helpen bij het doen van het goede. Het laat zien dat we sterker zijn wanneer we samenwerken, vooral wanneer we Allah dienen.

29

Dhul-Kifl

Dhul-Kifl was een profeet die bekend stond om zijn geduld, eerlijkheid en toewijding aan Allah. In de Koran wordt niet veel over hem verteld, maar geleerden zeggen dat hij een wijze en rechtvaardige man was. Allah koos hem om zijn volk te leiden.

Zijn naam betekent "de verantwoordelijke man". Hij kreeg deze naam omdat hij zijn taken serieus nam en problemen eerlijk oploste.

Dhul-Kifl deed altijd zijn best om goed te doen. Hij hielp anderen en behandelde iedereen eerlijk en vriendelijk. Ook wanneer het leven moeilijk werd, bleef hij geduldig. Hij gaf nooit op en bleef op Allah vertrouwen.

Hij moedigde mensen aan om sterk te blijven in hun geloof en altijd het juiste te doen.

Het verhaal van Dhul-Kifl leert ons verantwoordelijk, vriendelijk en geduldig te zijn. Het laat zien dat zelfs kleine goede daden een grote beloning bij Allah hebben.

Dawud

Dawud, ook bekend als David, was een profeet die door Allah werd gekozen vanwege zijn wijsheid, moed en sterke geloof.

Toen hij nog jong was, werd Dawud beroemd door zijn dapperheid. Hij stond tegenover een sterke krijger die Goliath werd genoemd. Met alleen een slinger en zijn vertrouwen in Allah versloeg Dawud hem. Zo liet hij zien dat echte kracht komt van geloof, niet van grootte of wapens.

Allah zegende Dawud op vele manieren. Hij werd zowel koning als profeet. Hij leidde zijn volk met eerlijkheid en rechtvaardigheid. Dawud luisterde goed naar mensen en sprak eerlijke oordelen uit.

Allah gaf hem ook een mooie stem. Dawud zong lof voor Allah, en zelfs de bergen en de vogels leken mee te doen.

Een van de grootste zegeningen voor Dawud was het ontvangen van de Zabur, een heilig boek vol wijsheid en leiding.

Het verhaal van Dawud leert ons dat geloof, moed en eerlijkheid belangrijke eigenschappen zijn. Het herinnert ons eraan dankbaar te zijn voor Allah's zegeningen en die te gebruiken om anderen te helpen.

Sulayman

Suleyman, ook bekend als Salomo, was een profeet en koning. Allah gaf hem grote wijsheid en kennis. Hij kon zelfs dieren en djinn begrijpen en met hen spreken.

Al op jonge leeftijd liet Suleyman zien dat hij slim en rechtvaardig was. Wanneer er ruzie was, kwamen mensen naar hem voor hulp. Hij luisterde goed en nam eerlijke beslissingen.

Als koning regeerde Suleyman over een groot en machtig koninkrijk. Hij deed dat met vriendelijkheid en rechtvaardigheid. Allah gaf hem bijzondere gaven. Hij kon de wind bevelen en de djinn hielpen hem bij het bouwen van prachtige gebouwen.

Een bekend verhaal over Suleyman gaat over een mier. Terwijl hij met zijn leger liep, hoorde hij mieren tegen elkaar zeggen dat ze opzij moesten gaan. Suleyman glimlachte, omdat hij hen begreep. Hij dankte Allah voor deze bijzondere gave.

Ondanks al zijn macht bleef Suleyman nederig. Hij wist dat al zijn zegeningen van Allah kwamen.

Het verhaal van Suleyman leert ons dat echte grootheid komt door dankbaarheid, vriendelijkheid en wijsheid. Het herinnert ons eraan onze talenten te gebruiken om anderen te helpen.

Ilyas

Ilyas, ook bekend als Elia, was een profeet die door Allah werd gestuurd om mensen te helpen. De mensen waren gestopt met het aanbidden van Allah. In plaats daarvan aanbaden ze een valse god die Baäl heette. Ze waren vergeten wat eerdere profeten hun hadden geleerd.

Ilyas had een zuiver hart en sterk geloof. Hij wilde zijn volk helpen. Met geduld en moed zei hij: "Waarom aanbidden jullie iets dat niet kan horen of helpen? Allah heeft de hemel en de aarde geschapen. Aanbid alleen Hem, dan zullen jullie vrede vinden."

Maar de meeste mensen wilden niet luisteren. Ze lachten hem uit en gingen door met hun slechte daden. Slechts een paar mensen geloofden hem en bleven trouw aan Allah.

Omdat de mensen niet wilden veranderen, liet Allah lange tijd geen regen vallen. Het land werd droog en er kwam hongersnood. Toch bleef Ilyas bidden en op Allah vertrouwen.

Uiteindelijk nam Allah Ilyas naar een bijzondere plaats als beloning voor zijn trouw.

Het verhaal van Ilyas leert ons om altijd trouw te blijven aan Allah, ook wanneer het moeilijk is. Het herinnert ons eraan dat Allah degenen beloont die standvastig blijven in het goede.

Alyasa

Alyasa, ook bekend als Elisa, was een profeet die door Allah werd gekozen om het werk van Ilyas voort te zetten. Nadat Ilyas door Allah was meegenomen, kreeg Alyasa de taak om het volk te leiden.

De mensen waren opnieuw afgeweken van Allah. Ze hadden vaak herinneringen nodig om alleen Allah te aanbidden en goed en rechtvaardig te leven.

Alyasa stond bekend om zijn geduld en toewijding. Hij bleef de mensen steeds weer aanmoedigen om terug te keren naar Allah en hun slechte daden te stoppen. Ook wanneer het moeilijk was, gaf hij niet op. Hij bleef sterk in zijn geloof.

Allah gaf hem wijsheid en bijzondere tekenen om de gelovigen hoop te geven.

In de Koran wordt niet veel over zijn leven verteld, maar zijn verhaal leert ons vol te houden in het goede. Het laat zien dat trouw blijven aan Allah en onze taken serieus nemen een groot verschil kan maken.

Alyasa leert ons om geduldig, vriendelijk en vol vertrouwen in Allah te zijn.

Yunus

Yunus, ook bekend als Jona, was een profeet die door Allah werd gestuurd naar een stad. De mensen daar luisterden niet naar Allah. Ze aanbaden afgoden en deden wat ze zelf wilden.

Yunus probeerde hen te leren over Allah en vroeg hen om te veranderen. Maar ze wilden niet luisteren. Yunus werd verdrietig en verliet de stad zonder op Allah's toestemming te wachten.

Hij stapte op een schip. Tijdens de reis kwam er een zware storm. De mensen op het schip dachten dat iemand Allah boos had gemaakt. Ze lootten om te beslissen wie van het schip moest gaan. Het lot viel op Yunus.

Yunus wist dat hij een fout had gemaakt. Hij sprong in de zee en werd ingeslikt door een grote vis. In de donkere buik van de vis bad Yunus tot Allah. Hij zei: "Er is geen god behalve U. U bent volmaakt. Ik heb een fout gemaakt."

Allah vergaf Yunus in Zijn grote barmhartigheid. De vis bracht hem terug naar het land.

Yunus ging terug naar zijn volk. Tot zijn verrassing hadden de mensen spijt gekregen en waren ze teruggekeerd naar Allah. Ze luisterden nu wel naar hem.

Het verhaal van Yunus leert ons geduldig te zijn, Allah's plan te vertrouwen en om vergeving te vragen wanneer we fouten maken. Het herinnert ons eraan dat Allah altijd barmhartig is voor wie oprecht naar Hem terugkeert.

41

Zakariyya

Zakariyya, ook bekend als Zacharia, was een vriendelijke en vrome profeet. Allah koos hem om de mensen te onderwijzen. Hij leerde zijn volk over Allah en bracht veel tijd door met bidden.

Zakariyya had een zacht hart en een sterk geloof. Maar er was één ding dat hij graag wilde. Hij en zijn vrouw hadden geen kinderen. Hij hoopte op een zoon die later Allah's boodschap zou blijven verspreiden.

Ook al waren Zakariyya en zijn vrouw al oud, hij verloor nooit zijn hoop. Op een dag bad hij in de tempel. Hij vroeg Allah om een goed kind. Hij wist dat Allah alle gebeden hoort.

Allah verhoorde zijn gebed. Engelen brachten hem het mooie nieuws dat hij een zoon zou krijgen. De jongen zou Yahya heten. Hij zou wijs en goed zijn. Zakariyya was verbaasd, maar Allah herinnerde hem eraan dat Hij alles kan.

Toen Yahya werd geboren, voedde Zakariyya hem op als een gehoorzame dienaar van Allah.

Het verhaal van Zakariyya leert ons dat oprecht bidden belangrijk is. Het laat zien dat we altijd op Allah moeten vertrouwen, ook als iets onmogelijk lijkt. Allah's barmhartigheid kent geen grenzen.

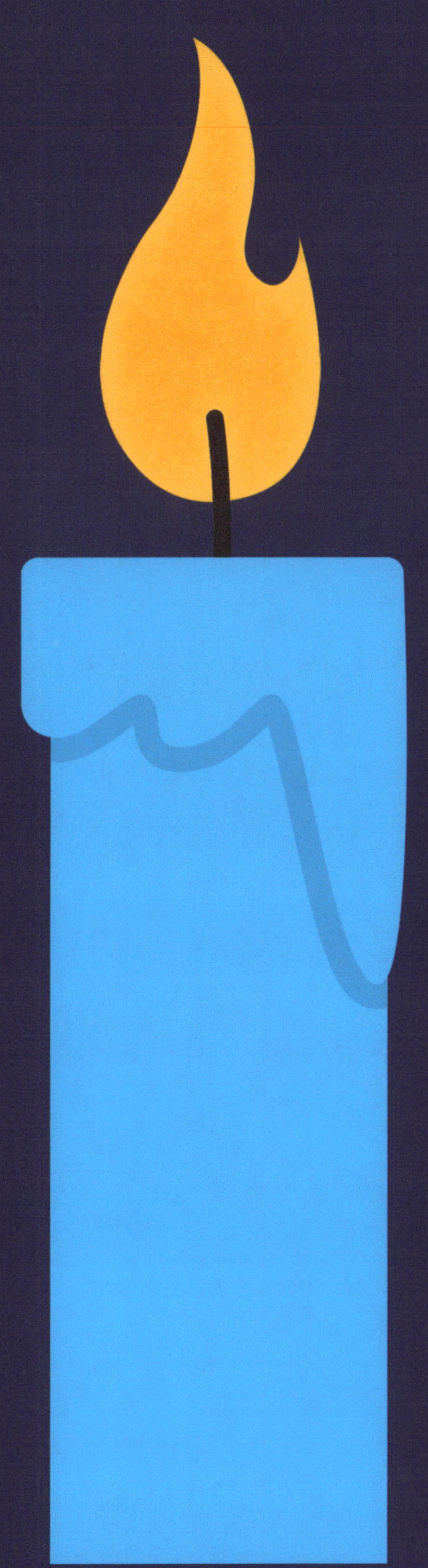

Yahya

Toen Yahya werd geboren, voedde Zakariyya hem op als een gehoorzame en goede dienaar van Allah. Het verhaal van Zakariyya leert ons dat oprecht bidden belangrijk is en dat we op Allah's timing moeten vertrouwen. Allah's barmhartigheid kent geen grenzen.

Yahya, ook bekend als Johannes de Doper, was de geliefde zoon van profeet Zakariyya. Allah koos hem ook als profeet. Vanaf zijn geboorte was Yahya bijzonder. Allah gaf hem wijsheid, vriendelijkheid en een zuiver hart.

Yahya hield van leren en bleef dicht bij Allah. Toen hij groter werd, leerde hij andere mensen over Allah en het goede pad.

Yahya leefde eenvoudig en nederig. Hij was vriendelijk en hielp mensen die het moeilijk hadden. Een van zijn mooiste eigenschappen was zijn moed. Hij kwam op voor wat juist was, zelfs als dat moeilijk was.

Allah prijst Yahya in de Koran als een gehoorzame en zuivere dienaar die goed was voor zijn ouders.

Het verhaal van Yahya leert ons eerlijk te leven, voor de waarheid op te komen en altijd dicht bij Allah te blijven. Zijn leven laat zien dat een vriendelijk hart anderen kan inspireren.

45

Isa

Isa, ook bekend als Jezus, was een profeet die door Allah werd gestuurd om de Kinderen van Israël te leiden. Zijn geboorte was een wonder. Hij werd geboren uit Maryam zonder vader.

Toen de engel Jibril aan Maryam vertelde dat zij een kind zou krijgen, was ze verbaasd. Ze vroeg: "Hoe kan ik een zoon krijgen zonder man?" De engel zei dat het Allah's wil was. Allah kan alles doen. De geboorte van Isa was een teken van Allah's macht en barmhartigheid.

Al op jonge leeftijd liet Isa zien dat hij door Allah was gekozen. Als baby sprak hij om zijn moeder te verdedigen. Hij zei dat hij een dienaar van Allah was.

Toen hij groter werd, gaf Allah hem wijsheid en bijzondere wonderen. Hij genas zieken, gaf blinden hun zicht terug en bracht zelfs doden tot leven, met toestemming van Allah. Isa herinnerde de mensen eraan dat deze wonderen tekenen van Allah waren.

Sommige mensen wilden niet naar hem luisteren en keerden zich tegen hem. Maar Allah beschermde Isa en nam hem op naar de hemel. Moslims geloven dat Isa op een dag zal terugkeren.

Het verhaal van Isa leert ons nederig te blijven, anderen te helpen en altijd op Allah te vertrouwen.

Muhammad

Muhammad, vrede en zegeningen zij met hem, was de laatste profeet die door Allah werd gestuurd om alle mensen te leiden. Hij werd geboren in de stad Makkah. Hij groeide op als wees, maar stond bekend om zijn eerlijkheid, vriendelijkheid en rechtvaardigheid. Mensen vertrouwden hem zo veel dat ze hem Al-Amin noemden, wat "de betrouwbare" betekent.

Toen hij ouder werd, dacht Muhammad vaak na over de Schepper en over de problemen in zijn omgeving. Veel mensen aanbaden afgoden en behandelden elkaar oneerlijk.

Op een nacht, in de grot van Hira, verscheen de engel Jibril met een boodschap van Allah. Jibril zei: "Lees!" Ook al kon Muhammad niet lezen, hij luisterde aandachtig. Zo begonnen de eerste verzen van de Koran.

Dit was het begin van zijn taak als profeet. Allah gaf hem de opdracht om de mensen te leren alleen Allah te aanbidden, eerlijk te leven en goed voor elkaar te zorgen. Ondanks veel moeilijkheden bleef Muhammad geduldig en sterk.

Steeds meer mensen volgden zijn boodschap. Muhammad werd een voorbeeld van barmhartigheid, eerlijkheid en nederigheid. Hij leerde mensen vriendelijk te zijn voor armen, eerlijk te handelen en anderen te vergeven.

Als laatste profeet bracht Muhammad Allah's leiding compleet, door de Koran en zijn voorbeeld, de Soenna.

Het verhaal van Muhammad leert ons goed en meelevend te leven en altijd op Allah te vertrouwen.